Nina Schmid

the anagram of god is dog

DIE SIEBEN GEHEIMNISSE
FÜR EIN WAHRHAFTIG GUTES LEBEN

1. Auflage
2017 Mindshift Publishing

2016 im Original erschienen unter dem Titel:
the anagram of god is dog
THE MAGIC DOG'S SEVEN SECRETS
TO A TRULY GOOD LIFE

Übersetzung:, Nina Schmid, Julia Kalmund

www.themindshiftgroup.com
Printed in Germany

ISBN 978-3-9504152-1-6

Umschlag- und Innengestaltung: SANTIAGO DESIGN, Niels Buschke, Hamburg
Printed by Dynamik Druck GmbH Hamburg

Alle Ratschläge in diesem Buch wurden von der Autorin mit Sorgfalt erwogen und geprüft. Eine Garantie oder Gewähr kann dennoch nicht übernommen werden. Die Autorin dieses Buches gibt keinerlei medizinische Hinweise oder Empfehlungen diese Techniken als Behandlungsform zu verwenden. Die Autorin beabsichtigt ausschließlich Tipps allgemeiner Natur zu geben. Diese Aussagen sind somit auch kein Ersatz für die Informationen bzw. Diagnosen und/oder die Behandlung bzw. Beratung durch Rechtsanwälte, Steuerberater, Ärzte, Apotheker, Psychologen, Psychiater und Heilpraktiker bzw. staatlichen Institutionen und dies wird auch nicht empfohlen.

Über den Titel

THE ANAGRAM OF GOD IS DOG

Der Titel bezieht sich darauf, dass für mich GOTT, wenn man genau hinsieht ein „Anagramm" von LEBEN ist. Genau so, wie es Julia Engelmann in ihrem Gedicht ‚One Day/Reckoning Text' ausdrückt. Wenn man genau hinsieht, ist MUT ein Anagramm von GLÜCK.

Wenn ich an das Leben denke und daran wie man ein wahrhaftig gutes Leben lebt, denke ich automatisch an unseren Zauberhund. Somit ist GOD effektiv ein Anagramm von DOG, im denkbar besten Sinne und mit tiefem Respekt vor dem Leben selbst.

Nina Schmid
Hamburg, Oktober 2017

Dieses Buch widme ich
meinen beiden mutigen und wunderschönen Töchtern.

Lange vor Hoomy, habt Ihr den Zauber
in mein Leben gehaucht.

Dies ist für Euch:

„Das Leben ist das, was Du daraus machst. Egal was kommt, manchmal wirst Du scheitern. Das ist ein universelles Gesetz. Aber das Gute daran ist, Du kannst Dir selbst aussuchen wie Du damit umgehst. Mädchen werden Deine Freundinnen sein – zumindest werden sie so tun. Aber denk daran, einige kommen, einige gehen. Diejenigen, die mit Dir alles durchstehen, sind Deine wahren besten Freundinnen. Lass sie nicht los. Und denke immer daran, Schwestern sind die allerbesten Freundinnen, die man haben kann. Was Liebhaber angeht, auch diese werden kommen und gehen. Und ja, mein Schatz, ich hasse es Dir dies zu sagen, die meisten – na ja, eigentlich fast alle, werden Dein Herz brechen. Doch gib nicht auf, denn wenn du aufgibst, wirst Du niemals Deine andere Hälfte finden. Und das gilt für alles. Nur weil Du einmal scheiterst, heißt das nicht, dass Du bei allem scheitern wirst. Versuche es weiter, gib niemals auf und vor allem, glaube immer, immer an Dich selbst. Denn wenn Du nicht an Dich glaubst, wer soll es dann tun, meine Süße? Also halte Deinen Kopf gerade, richte Deinen Blick nach vorne und hör niemals auf zu lächeln. Denn das Leben ist ein Geschenk und es gibt so vieles wofür es sich zu lächeln lohnt."

Marylin Monroe

„Dieses Buch ist geschrieben als Anleitung für diejenigen die ihr Leben selbst in die Hand nehmen möchten und seine Botschaft soll all denen dienen, die die Qualität ihres Lebens verbessern möchten."

Bill Adams, The Five Lessons of Life

„Manchmal können wir das Leben unserer Nächsten allein dadurch verändern, dass wir ihnen erzählen was uns selbst widerfahren ist. Bestimmt sind die Geheimnisse des Lebens immer so weitergereicht worden, Mensch für Mensch, Geschichte für Geschichte."

Brendon Burchard, Life's Golden Ticket

Die sieben Geheimnisse für ein wahrhaftig gutes Leben

INHALT

„In den Tiefen des Winters erfuhr ich schließlich, dass in mir ein unbesiegbarer Sommer wohnt.“

Albert Camus

Darf ich vorstellen?

Das ist Hoomy - unser Zauberhund.

Ein Zauberhund?

Ja!

Hoomy hat den Zauber in unser Leben zurück gehaucht ...

Meine Familie wurde von etwas getroffen, das man gemeinhin einen schrecklichen Schicksalsschlag nennt. In einem kaum wahrnehmbaren Augenblick, wurden wir von „normal", erfolgreich und glücklich zu zutiefst traumatisiert, gelähmt vor Angst und völlig hilflos katapultiert. Geschehnisse die außerhalb unserer Kontrolle lagen, nahmen uns jede Normalität.

Im Winter 2012, als der Norden Deutschlands von einem eisigen dunklen Tag nach dem nächsten heimgesucht wurde und jedes Licht, jede Freude und jede Kraft aus unserem Leben gewichen war, fand eine junge Hündin zu uns. Sie sprang herum, mit reiner Unschuld, tiefer Lebenslust und einem außergewöhnlichen Entdeckergeist. Sie hüpfte durch den Schnee wie ein übermütiges Fohlen und versuchte Schneeflocken zu fangen, als wäre das ihr Lebenszweck. Es gab keine Möglichkeit nicht zu lächeln.

Und da war es. Wie ein Unterton. Leise, ganz leise, hörte ich das Leben wieder flüstern. Dieses leise Flüstern in unseren Seelen, das leise Lächeln in unseren Herzen, hat uns gerettet. Es fühlte sich an, als würde unser Hund uns sanft streicheln. Dies gab uns die Kraft langsam unsere Wunden zu lecken und nach oben, anstatt nach unten zu blicken. Dies gab uns die Kraft dankbar für das Leben zu sein, anstatt es gehen zu lassen.

Zwischen damals und heute lagen eine Million Hürden. Wir haben sie genommen, Schritt für Schritt, und unsere Hündin hat uns mit ihrem Zauber unterstützt. Seit meine Augen und mein Herz wieder geöffnet sind, lerne ich täglich von Hoomy. Ihre Seele, ihr Herz, ihr Geist und ihr Körper agieren in völliger Harmonie. Sie ist eine wahre Meisterin.

Liebste Hoomy, ich danke Dir!

GEHEIMNIS N° 1
MUT

„Du wurdest mit Flügeln geboren, warum also bevorzugst Du es zu kriechen?“

Rumi

„Geliebt zu werden macht uns stark. Zu lieben macht uns mutig.“

Lao Tzu

In meinen dunkelsten Stunden hat mich die beharrliche und bedingungslose Liebe meines Hundes stark gemacht.
Meine tiefe und absolute Liebe für meine Kinder hat mir den nötigen Mut gegeben.

Den Mut nicht aufzugeben.

Den Mut meinen Blick zu heben.

Den Mut von vorne anzufangen.

Den Mut die Bühne des Lebens wieder zu betreten.

Den Mut zuzugeben, dass ich das Leben liebe.

Den Mut die Möglichkeiten zu sehen.

Den Mut mich zu verändern.

Den Mut die Kraft der kleinen Schritte zu erkennen.

Den Mut durchzuhalten.

Den Mut wieder zu lächeln.

Den Mut mich zu öffnen.

Den Mut mich zu zeigen.

Den Mut Hilfe anzunehmen.

Den Mut Dinge zu tun, die ich noch nie zuvor getan habe.

Den Mut die Erwartungen der Anderen nicht zu erfüllen.

Den Mut meinen Überzeugungen zu folgen.

Den Mut aus meinem Herzen zu sprechen.

Den Mut auf meine innere Stimme zu hören.

Den Mut mich selbst zu wählen.

Den Mut zu träumen.

Den Mut zu scheitern.

Den Mut nicht zu wissen, und dennoch zu vertrauen.

Den Mut zu glauben.

Den Mut mehr zu wollen.

Den Mut zu erkennen, dass ich niemals ohne Mut leben möchte.

Mangel an Mut lässt uns zögern, Lügen erfinden, Frustrationen nähren, zynisch werden, die Fehler bei anderen suchen, uns ausgeschlossen fühlen und in Depression verfallen. Mangel an Mut lässt uns alles verlieren, was es im Leben zu gewinnen gibt.

Es reicht nicht aus, dass wir geboren wurden. Wenn uns der Mut fehlt, uns jeden Tag aufs Neue zu betrachten, täglich daran zu arbeiten unser Bewusstsein zu erweitern und aus den selbst gesetzten Begrenzungen herauszutreten, dann verlieren wir unsere Lebenskraft. Unsere Seele und unser Geist weinen leise, bis sie sich zurückziehen und unsere Körper als leere Hülle hinterlassen.

„Das Leben schwindet oder weitet sich, in direktem Verhältnis zum eigenen Mut“, schrieb die französische Schriftstellerin Anaïs Nin.

Sich nicht verändern zu wollen, macht uns alt und unattraktiv.
Sich nicht verändern zu können, lässt uns innerlich sterben.
Es gibt Momente in denen das Leben uns aufruft, über uns selbst hinauszuwachsen. Oft denken wir in diesen Momenten nur daran, wie VIEL Mut uns diese Aufgabe kostet und die Hürde wird mit jedem Gedanken ein Stück unüberwindbarer.

Kennst Du das Gefühl, wenn sich Deine Kehle schließt und Dein Puls rast? …

Wenn Deine Hände schwitzen und sich Deine Brust zusammenzieht?

Wenn Dein ganzes System auf Flucht gepolt wird?

Wenn sich Dein Geist ausschließlich auf die Risiken konzentriert?

Wenn Deine Ängste überhand nehmen?

Wenn Du Dich ganz klein und plötzlich sehr einsam fühlst?

Wenn Du leise beschließt, dass es das nicht wert ist?

Wenn Du hunderte Gründe findest, warum es schiefgehen wird?

Wenn Du nicht einen einzigen Grund findest, um Dich in das Unbekannte zu stürzen?

*Nicht ein einziger Grund,
um Dich in das Unbekannte
zu stürzen …*

Und doch ist es NUR Mut, den wir benötigen.
Wir brauchen keine magischen Kräfte oder Wunderlampen. Keine drei Wünsche die uns erfüllt werden oder einen geheimen Zaubertrunk. Oder was auch immer wir denken, dass uns fehlt. So etwas wie mehr Glück oder bessere Beziehungen, mehr Geld, größeren Erfolg, Berühmtheit, andere Talente, mehr Fähigkeiten, bessere Voraussetzungen, mehr Zeit …

Nein.

Wir benötigen nur eines, damit sich alles andere fügt. Nur eines, um das Beste in uns zum Vorschein zu bringen. Und wir haben alle Zugriff darauf. Es wohnt in uns.

Mut.

Wir könnten mehr Glück oder bessere Beziehungen haben. Mehr Geld, größeren Erfolg, Berühmtheit, andere Talente, mehr Fähigkeiten, bessere Voraussetzungen, mehr Zeit – und es wäre doch alles nichts wert, würde uns der Mut fehlen.

Es ist Mut, der die Stimmung hebt, der für Bewunderung sorgt, der Energien freisetzt und Mauern zum Bröckeln bringt.

Es ist Mut, der das Feuer entfacht, der Freude verbreitet, der Farben leuchten lässt und das Selbstwertgefühl verstärkt.

Es ist Mut, der Augen zum Strahlen bringt, Heldengeschichten schreibt, einen aufrechten Gang erzeugt und wahre Werte lebt.

Es ist Mut, durch den Schätze geborgen werden, Ketten gesprengt, Talente entdeckt und Hoffnungen wahr werden.

Es ist Mut, der um Vergebung bittet, der Freudentränen auslöst, Berge versetzt und Fremde zu Freunden macht.

Es ist Mut, der das Bewusstsein weitet, der Endorphine freisetzt, durch den das Neue entdeckt wird und Einzigartigkeit verstärkt wird.

Es ist Mut, der dem inneren Ruf folgt, der Freundschaften besiegelt, Träume wahr werden lässt und Licht ins Dunkel bringt.

Es ist Mut, der mehr Sonne ins Leben lässt, der nach den Sternen greifen, Herzen heilen und Differenzen schwinden lässt.

Es ist Mut, der an das Höhere glaubt, uns Chancen ergreifen lässt, Fantasie zum Leben erweckt und Lächeln verbreitert.

Es ist Mut der Größe ankündigt, Unmögliches möglich macht, dazu führt, dass sich Stimmen erheben und Andere inspiriert werden.

Es ist Mut, der Inhalte würdigt, Handlungen ermöglicht, Neues kreiert und Träume realisiert.

„All unsere Träume können wahr werden, wenn wir den Mut haben, ihnen zu folgen."

Walt Disney

Es ist Mut, der das Feuer entfacht, der Freude verbreitet, der Farben leuchten lässt und das Selbstwertgefühl verstärkt.

Als unser Zauberhund in unser Leben trat, war sie noch ein Welpe; nicht an die lauten Geräusche, die blendenden Lichter und die sich bewegenden Objekte einer Großstadt gewöhnt. Unfreiwillig im Unbekannten gelandet war sie oft ziemlich ängstlich. Ihr Schwanz fest eingeklemmt, ihr Körper verkrampft, ihr Kopf nach unten gerichtet, lief sie immer zwei Schritte hinter mir bei den ersten Spaziergängen in unserer Straße.

Aber sie war auch neugierig. Und sie war lebenshungrig. Das beides und die starke Verbundenheit zwischen uns, schenkte ihr den nötigen Mut um ihre Ängste zu überwinden. Ich war seitdem so oft Zeuge, wie Hoomy in unterschiedlichen Situationen vor und zurück, vor und zurück, getrippelt ist. Hin- und hergerissen zwischen wagen und zaudern. Die Lage abschätzend, die Risiken abwägend. In dem Versuch die Angst zu überwinden. Tief in sich suchend um nach vorne zu kommen. Wissend, dass der beste Ausweg der Weg durch die Mitte ist. Die Zeit außer Acht, während das gesamte Universum auf ihre Entscheidung wartete.

Und dann, wenn der Mut siegt, ist die Freude augenblicklich!

Ihr wild wedelnder Schwanz übersetzt den Applaus des Universums. Hoomy, überaus stolz auf sich selbst, sonnt sich in meiner Bewunderung. Mit geradem Rücken und hoch erhobenem Haupte, blickt sie dem Leben direkt ins Gesicht und manifestiert laut bellend:

„hier bin ich!“

GEHEIMNIS N° 2
DER ANFÄNGERGEIST

„Das Tao wird Große Mutter genannt: Leer und dennoch unerschöpflich. Es gebiert unendliche Welten Es ist immer gegenwärtig in Dir. Du kannst es nutzen, wie immer Du möchtest.“

Tao Te Ching

Hoomy ist eine wahre Meisterin, in der Kunst die Welt mit einem Anfängergeist zu betrachten. Und doch hat sie nicht Zen-Buddhismus studiert. Oder zumindest nicht in diesem Leben.

Was ist der Anfängergeist und warum ist er ein Geheimnis für ein wahrhaftig gutes Leben?

Es ist wahrscheinlich eines der mächtigsten Geheimnisse, eines der mächtigsten Werkzeuge, welches Dir auf Deiner Suche nach dem Glück begegnen wird. Hunde und Kinder haben noch einen natürlichen Zugang dazu, doch wir haben es meist verlernt und vergessen. Mit den Augen eines Anfängers zu sehen, mit dem Geiste eines Anfängers zu leben, ist wie Schätze aus einer Truhe zu bergen, die sich niemals leert.

In seinem Buch ‚Zen-Geist, Anfänger-Geist' schreibt der Zen-Meister Shunryu Suzuki:

„Im Geiste eines Anfängers gibt es viele Möglichkeiten; im Geiste eines Experten nur wenige."

Das wunderbare an diesem Geheimnis, Du musst nicht Zen-Philosophie studieren um dies zu meistern. Es beginnt mit einer Entscheidung und dann genügt schon etwas Wachsamkeit und etwas Disziplin. Das was man zurückbekommt ist mannigfach.

Hoomy läuft durchs Leben mit Offenheit und Freude. Diese Haltung ist einfach beachtenswert. Jeden Morgen auf unseren Spaziergängen scheint mein Zauberhund aufs Neue verblüfft über die vielen Möglichkeiten, die auf sie zu warten scheinen. Wir nehmen fast jeden Morgen denselben Weg, und fast immer zur selben Zeit. Doch statt müde und gelangweilt zu sein, ist sie gespannt. Gespannt auf das ungeheure Ausmaß an Wundern, die für sie bereitliegen.

Neue Gerüche, neue Fußstapfen im Sand, der Wind der aus einer anderen Richtung weht, der Wind der neue Geräusche an unsere Ohren heranträgt, die Weite der Natur vor uns, das sich immerzu verändernde Licht, der sich immerzu verändernde Himmel.
All die Möglichkeiten die ein neuer Tag bietet. All die Entscheidungen die neu zur Verfügung stehen. Es gibt keine Routine. Es gibt keine vorgefertigten Meinungen. Ausschließlich Möglichkeiten.

Vorgefertigte Meinungen machen uns meist unglücklich. Möglichkeiten schenken uns ein Gefühl von Glück. Es ist die Freiheit, die wir uns alle so sehnlichst wünschen.
In seinem TED-Talk über Dankbarkeit erklärt der Benediktinermönch David Steindl-Rast, dass wir zu vieles in unserem Leben als selbstverständlich betrachten: Dass wir elektrisches Licht auf Knopfdruck in unserem Zuhause einschalten können, dass trinkbares Wasser direkt aus dem Hahn kommt...
Wenn Du den Anfängergeist einnimmst, dann betrachtest Du diese einfachen und für uns so alltäglichen Dinge, als die Wunder die sie in Wirklichkeit sind - und plötzlich verspürst Du leise Freude, wenn Dir bewusst wird, wie viel Glück Du hast. Anstatt sich den automatischen negativen Gedanken hinzugeben, die so oft dazu tendieren unseren Geist und unsere Zeit einzunehmen und langsam unser Leben zu beherrschen, kannst Du nach dem Zauber suchen, den das Leben in jedem Moment und überall offenbart.

Bevor wir unseren Zauberhund hatten, war das Wetter eine große Herausforderung für mich. Da ich sowohl Sonne als auch Hitze liebe, machte mich der Mangel an beidem in Hamburg oft unglücklich. Wir hier im Norden sagen, dass es Sommer ist, wenn der Regen wärmer wird …

Grund genug für automatische negative Gedanken jeden Morgen beim Blick auf die Wetter-App. Jetzt, da ich von Hoomy lerne, schaue ich nicht mehr auf die Wetter-App. Ich schaue in den Himmel.

Und oh, welch Wunder ich erblicke …

Mit den Augen eines Anfängers zu sehen,
mit dem Geiste eines Anfängers zu leben,
ist wie Schätze aus einer Truhe zu bergen,
die sich niemals leert …

Henry David Thoreau schrieb:

„Nur der Tag bricht an, für den wir wach sind."

Und Dr. Jon Kabat-Zinn schreibt in seinem Buch ‚Im Alltag Ruhe finden':

„Wir zahlen einen hohen Preis ... dafür, dass wir fast mutwillig den Reichtum unserer gegenwärtigen Augenblicke ignorieren."

Also wie?
Wie verändern wir unsere Denkweise?
Ist das nur für die Erleuchteten?
Meine Erfahrung hat mich gelehrt, dass es eigentlich ganz einfach ist. Und die Belohnung erfolgt unmittelbar. Doch alles beginnt mit einer bewussten Entscheidung. Am besten startet man mit einer kleinen Übung.
Bruder David Steindl-Rast fasst dies mit den Worten „Bleib stehen. Schau nach links und nach rechts. Und geh erst dann weiter." zusammen. Es ist wirklich ganz einfach. Es ist das was wir unseren Kindern beibringen, ohne es je selbst anzuwenden. Es geht darum innezuhalten und das Gewahrsein zu üben. Das ist alles.

BLEIB STEHEN.

NEHME WAHR.

GEH ERST JETZT WEITER.

Es ist das was Hoomy jeden Morgen macht. Der Zauberhund geht raus und bleibt stehen. Sie steht vollkommen still. Minuten vergehen. All ihre Sinne nehmen wahr. Sie ist völlig und ganz und gar wach.

Sie sieht tausende Dinge.
Sie riecht tausende Dinge.
Sie hört tausende Dinge.
Sie spürt tausende Dinge.
Sie nimmt alles in sich auf.
Sie nimmt sich Zeit.
Sie nimmt sich die Zeit die Möwe zu beobachten.
Sie lauscht ihrem Ruf.
Sie lauscht dem Wind.
Sie spürt den Wind auf ihrem Körper.
Sie riecht die Möglichkeiten.
Sie ist sich ihrer Umgebung vollkommen bewusst.
Sie nimmt alles auf, als wäre sie noch nie zuvor
an diesem Ort gewesen.

Und dann, ...
Dann rennt sie los. Sie rennt wild vor Freude!

Als ich neulich mit Hoomy gelaufen bin, habe ich mich gefragt, ob ihr Enthusiasmus und ihr Eifer daher rühren, dass sie doch einige Stunden am Tag zuhause „eingesperrt" ist. Nicht, dass es nicht schön wäre auf dem Teppich zu liegen und mit den Kindern zu spielen, gekrault und gefüttert zu werden, doch aus der Perspektive eines „wilden Tieres", mag es eine Art „Gefangenschaft" sein, wenn man nicht dahin laufen kann wohin man will, wann immer man will. Stelle Dir nur für einen kleinen

„Siddharta lauschte. Er war nun ganz Lauscher, ganz ins Zuhören vertieft, ganz leer, ganz einsaugend, er fühlte, daß er nun das Lauschen zu Ende gelernt habe. Oft schon hatte er all dies gehört, diese vielen Stimmen im Fluß, heute klang es neu".

Hermann Hesse, Siddhartha

Moment vor, wie es Deine Perspektive auf Deinen Alltag verändern würde, Deine Sichtweise auf Deine Umwelt und Deine Familie und sogar Deine Sichtweise auf Deine Pflichten, wenn Du eine längere Zeit in Gefangenschaft gewesen wärest und dies Dein erster Tag in Freiheit wäre.

Erfahre alles was Dir begegnet mit dem Anfängergeist.

Vielleicht kann diese Übung oder dieses Spiel, wie immer wir es nennen möchten, uns helfen den Schleier der Unachtsamkeit, der so oft unser Leben überschattet, zu lüften, um die unendlichen Möglichkeiten die jeder Moment bereithält, wieder wahrzunehmen.

Kannst Du die Wolken betrachten und die
verborgenen Schätze am Himmel entdecken?

Kannst Du die Musik des Lebens
im Lachen Deines Kindes hören?

Kannst Du die schier unerschöpfliche
Fülle würdigen, auf die wir zu jeder Zeit
vertrauen können?

GEHEIMNIS N° 3
VERBINDUNG

„Kann uns ein größeres Glück widerfahren, als für einen kurzen Moment die Dinge mit den Augen des Anderen betrachten zu können?"

Henry David Thoreau

Die Verbindung zwischen uns ist immer da. Nicht ein Moment vergeht, in dem wir nicht wissen, dass wir zusammen gehören. Unsere Seelen und unser Geist sind miteinander verwoben. Unsere Leben sind verknüpft. Es ist ein untrennbares Band.

Wenn ich sie rufe, dann kommt sie.
Wenn sie bellt, dann gehe ich zu ihr.
Wenn ich arbeite, liegt sie zu meinen Füßen unter dem Tisch.
Wenn ich schlafe, schläft sie neben mir auf dem Boden.
Wenn ich aufstehe, beginnt sie den Tag an meiner Seite.
Wenn ich weggehe, erwartet sie meine Rückkehr.
Wenn ich zurückkomme, begrüßt sie mich.
Wenn sie sich bei unseren Spaziergängen zu weit entfernt, weiß sie, dass ich an der Stelle auf sie warte, wo sie mich verlassen hat.
Wenn wir nachts laufen, weicht sie mir nicht von der Seite, um mich zu beschützen.
Es bedarf keiner Worte zwischen uns.

Neulich sagte meine Mutter zu mir: „Nina, Du hast wirklich Berge versetzt, um Deinen Kindern durch das Elend zu helfen und es Ihnen zu ermöglichen, das Trauma zu verarbeiten. Sie scheinen nun wieder stabil und glücklich zu sein!"

In diesem Augenblick wusste ich sofort, tief in mir, dass ich dies Hoomy zu verdanken hatte – und, dass wir es ohne unseren Zauberhund nicht geschafft hätten. Egal wie stark und zäh, unabhängig und selbstständig, furchtlos und tatkräftig ich immer gewesen war, der Schmerz war so groß, die Verantwortung so erdrückend und die Aussicht so dunkel, dass wenn ich diese gütige Seele nicht an meiner Seite gehabt hätte, die wortlos verstand und großherzig gab, niemals urteilend nur geduldig mittragend – so voll von reiner Liebe – ich nicht weiß, was aus mir geworden wäre.

Und wenn die Kinder nicht diese treue Begleiterin an ihrer Seite gehabt hätten, immer anwesend und instinktiv heilend, niemals fragend nur verlässlich helfend – so voll von purer Güte – ich nicht weiß, was aus ihnen geworden wäre.
Wenn wir nicht diese stille Freundin fest an unserer Seite gehabt hätten, ich einfach nicht weiß, was aus uns geworden wäre.

„Gehe nicht hinter mir, vielleicht führe ich nicht. Gehe nicht vor mir, vielleicht folge ich nicht. Geh einfach neben mir und sei mein Freund.“

Albert Camus

Diese stille Freundin fest an unserer Seite …

Unabhängigkeit ist sehr wichtig in unserer Gesellschaft und ist in den letzten Jahrzehnten fast zwanghaft immer wichtiger geworden – keine Hilfe zu benötigen ist ein Synonym für Erfolg geworden, niemanden zu brauchen ein Synonym für Freiheit.

Doch Freiheit verliert ihren Sinn, wenn sich Deine Seele verloren fühlt.

Erfolg schmeckt fade, wenn Du ihn nicht teilen kannst.

Wege werden länger, wenn Du keine Begleitung hast.

Lasten werden schwerer, wenn Du sie alleine tragen musst.

Bedrohungen werden ernster, wenn niemand Deinen Rücken deckt.

Kummer wird größer, wenn Dich niemand umarmt.

Erzählungen werden sinnlos, wenn Dir niemand zuhört.

Feste werden lächerlich, wenn niemand kommt.

Schlösser werden gespenstisch, wenn dort niemand lebt.

Mahlzeiten werden einsam, wenn Du sie nicht teilst.

Küssen wird unmöglich, wenn Du alleine bist.

Betten werden kalt, wenn niemand neben Dir liegt.

Liebe geht verloren, wenn Du Dich um Dich selbst drehst.

Und das Leben wird langweilig, wenn Du keine Erinnerungen teilst.

Den ganzen Weg alleine zu gehen, zeugt nicht etwa von unserer Kraft und unserem Erfolg. Es zeugt von unseren vielen geheimen Unsicherheiten und unserer fundamentalsten Angst.

Die Angst um eine Meinung zu bitten und verunsichert zu werden.
Die Angst um Anerkennung zu bitten und zurückgewiesen zu werden.
Die Angst gesehen zu werden und verurteilt zu werden.
Die Angst um Hilfe zu bitten und stehen gelassen zu werden.
Die Angst um Verständnis zu bitten und verletzt zu werden.
Die Angst dazugehören zu wollen und abgelehnt zu werden.
Die Angst um Verbindung zu bitten und einsam zu bleiben.
Die Angst um Freundschaft zu bitten und abgewiesen zu werden.
Die Angst um Liebe zu bitten und dessen unwürdig zu sein.
Die Angst würdig sein zu wollen und ausgelacht zu werden.

„… Die Angst, dass etwas das wir getan haben oder nicht getan haben, etwas daran wer wir sind oder wo wir herkommen, dazu führt, dass wir der Liebe und der Beziehung nicht würdig sind.“

Brené Brown

Doch Brené Brown, die renommierteste Forscherin zu den Themen Verletzlichkeit, Scham und Angst vor mangelnder Verbindung, insistiert:

„Würde hat keine Voraussetzungen!“

*Küssen wird unmöglich,
wenn Du alleine bist...*

Hoomy zweifelt nie an ihrer Würde.
Der Zauberhund weißt nichts von irgendwelchen Voraussetzungen, um geliebt oder gemocht zu werden. Sie denkt nie darüber nach, ob sie meiner Zuneigung würdig ist, ob ihr heutiges Benehmen gut genug war, um eine Liebkosung zu verdienen oder sie mir im Gegenzug etwas schuldig ist. Wenn sie gekrault werden möchte, kommt sie und fragt.
Sie kommt rüber zu mir, setzt sich neben mich auf den Boden und legt ihre riesige Pfote auf mein Knie. Dann schaut sie mich an, den Kopf leicht zur Seite geneigt. Falls ich nicht reagiere, bellt sie mich freundlich an.
Manchmal, wenn ich auf meine Arbeit konzentriert bin, dann kraule ich geistesabwesend ihre Pfote aber beachte sie nicht weiter. Dann leckt sie meine Hand, als wolle sie sagen, dass sie mich versteht und, dass alles gut ist. Dann legt sie sich wieder hin, direkt neben mich.
Der Zauberhund fühlt sich nicht zurückgewiesen oder verunsichert oder gar gekränkt – und findet keinen Grund beleidigt zu sein. Und vor allem stellt sie ihren eigenen Wert nicht in Frage.

Wenn ich die Zeit habe sie zu streicheln, dann freut sie sich von ganzem Herzen und dreht sich, sodass ich ihren Rücken besser kraulen kann. Sie ist völlig versunken und genießt ganz offensichtlich jede einzelne Sekunde. Ohne sich weitere Gedanken zu machen.

Manchmal, wenn ich mich neben Hoomy auf den Boden setze und sie streichele, dann dreht sie sich auf ihren Rücken. Sie ist ein Wach- und Schutzhund. Auf dem Rücken zu liegen, mit allen Pfoten zum Himmel gestreckt ist nichts was sie so leicht macht. Verletzlichkeit gehört nicht zu ihrer Natur. Unterordnung ist nicht in ihrem System. Doch es gibt diese Momente... Diese Momente wenn sie sich ganz bewusst dem Vertrauen hingibt und alle Verteidigungsmechanismen ruhen lässt. Gegen ihre Natur, gegen ihren Verstand.

Und es ist dann –
Dann wenn ich diesen riesigen Hund vor mir auf dem Rücken liegen sehe,
dann wenn ich sehe, dass sie vollkommen ruhig und still ist,
dann wenn ich ihren warmen Bauch streichele, wo ihr Fell am weichsten ist,

dann, wenn mir bewusst wird, dass alle Anspannung sich auflöst,
dann wenn ich die sanfteste Form von Mut sehe,
dann wenn es so deutlich wird, dass es wirklich keine Bedingungen gibt,
dann wenn unser Atem sich angleicht,
dann wenn die Verbindung zwischen uns so spürbar ist,
dann wenn die ganze Welt von Kontrolle zu Hingabe übergeht,
- dass ich das Geschenk bedingungsloser Liebe und echter Zugehörigkeit wirklich würdigen kann.

GEHEIMNIS N° 4
EINHEIT

„Alles hat seine Wunder, sogar Dunkelheit und Stille, und ich lerne, egal in welchem Zustand ich mich befinde, darin zufrieden zu sein."

Helen Keller

Als Kind habe ich sehr gelitten, wann immer die Welt litt, sei es ein toter Igel auf der Straße oder Krieg in einem entfernten Land.
Ich habe nie verstanden warum das Böse und der Schmerz auf der Welt existieren müssen – und ich habe Stunden über Stunden damit verbracht Bücher zu verschlingen über Kriege, Revolutionen, Diktatoren, Bücher über Unterdrückung, Ungerechtigkeit, Folter und Auslöschung, aber auch Bücher über Liebe und Hoffnung und vor allem über Mut und Durchhaltevermögen, Bücher über die großen Vorbilder dieser Welt, herausragende Persönlichkeiten und gütige Nachbarn.

Was ich gelernt habe ist, dass der Gang durch die Hölle Dich entweder umbringt oder Dich über Dich selbst hinauswachsen lässt. Ich bin dankbar, dass wir als Familie das Glück oder die Kraft hatten - wie auch immer man es sehen will - nicht unterzugehen.

Heute bin ich in der Lage all das Gute, was uns seitdem widerfahren ist, wahrzunehmen und zu schätzen. Ich begrüße all das was wir lernen durften und pflege meine Achtsamkeit. Ich verstehe nun auch, dass der Schmerz ein Teil dieser Welt ist und bin eher in der Lage dazu, meinen Frieden damit zu schließen. Obwohl ich immer noch eine Welt bevorzugen würde, in der Kinder von dieser Tatsache verschont blieben.

Was ich meine Kinder lehre, ist das Licht zu sehen, und sich darauf zu konzentrieren. Ich zeige ihnen, dass das Licht überall zu finden ist. Was die Dunkelheit betrifft, ich verneine sie nicht. Ich sage ihnen, dass es sie gibt – aber ich versichere ihnen, dass sie keine Angst vor ihr haben müssen. Sie haben die Dunkelheit einmal durchlebt. Sie wissen jetzt, dass sie auf sich selbst vertrauen können, falls sie sie nochmals durchqueren. Und sie wissen, dass das Licht sie immer begleitet, solange man den Glauben an das Licht nicht verliert. Ich lehre sie auch, dass sie selbst entscheiden, welche Rolle sie jeweils dem Licht und der Dunkelheit in ihrem Leben zugestehen.

Unser Zauberhund, auf der anderen Seite, lehrt uns, dass alles im Auge des Betrachters liegt.
Was für mich böse ist, mag für Dich in Ordnung sein. Was ich als pure Liebe definiere, mag Verrat in Deinen Augen sein. Jeder von uns interpretiert weiß und schwarz anders …

Hoomy ist schwarz. Ihr Fell ist sehr, sehr dunkel. Es schluckt jedes Licht. Heißt das, dass sie böse ist? Heißt das, dass sie gefährlich ist? Nicht für uns. Für uns ist sie das süßeste Wesen. Doch ich kann die Tatsache nicht verschweigen, dass wir manches Mal mit einer anderen Realität konfrontiert werden: „Halten Sie Ihren Hund zurück! Mein Hund hat Angst vor großen schwarzen Hunden... Und ich auch. Halten Sie Ihren Hund zurück! Es ist bekannt, dass große schwarze Hunde aggressiv sind."

Was ist also die Wahrheit? Wer hat Recht? Wer hat Unrecht? Schwarz oder weiß? Gut oder böse?
Mit mehr Bewusstsein kommt die Einsicht, dass es so oft kein richtig und kein falsch gibt. Keine Wahrheit und keine Unwahrheit. Es kommt darauf an. Es kommt auf den Moment an, auf den Blickwinkel, auf die Situation, auf die Vorgeschichte, auf frühere Erfahrungen, auf die Erziehung, auf den eigenen Glauben …

Langsam, mit mehr Bewusstsein, kommt die Erkenntnis, dass all das nichts ist. Oder alles eins ist.

Die Dualität wird von unserem Verstand kreiert. Alles was wir sehen, hören, schmecken, spüren, alles was wir erfahren, ordnen wir ein. Und allzu oft spalten und urteilen wir.

Doch in dem wir das tun, berauben wir uns selbst so vieler Möglichkeiten.

„Was ist Freude ohne Kummer? Was ist Erfolg ohne Scheitern? Was ist Gewinn ohne Verlust? Was ist Gesundheit ohne Krankheit? Wir müssen alles erfahren, um das eine schätzen zu können. Es wird immer Schmerz geben. Es ist die Art wie Du mit Deinem Schmerz umgehst, die Dich ausmacht."

Mark Twain

Mit mehr Bewusstsein kommt die Erkenntnis, dass wir mit dem Versuch alles Schlechte loszuwerden, auch all das Gute verlieren was parallel dazu existiert.

„Bewusstsein ist der Schlüssel“

betont Bill Harris.

Manchmal, wenn unser Zauberhund schläft, dann rollt sie sich zusammen wie ein Kätzchen und alles was man möchte, ist sie zu beschützen. Manchmal, wenn unser Zauberhund das Haus bewacht, dann stellt sie sich auf wie ein Bär, und alles was man möchte ist vor ihr fliehen. Manchmal, wenn sie frisst, verschlingt sie alles wie ein Wolf. Manchmal, wenn sie frisst, pickt sie an ihrem Futter wie ein kleiner Vogel.

Sie kann geduldig sein wie eine Spinne und ungeduldig wie ein Kleinkind.

Sie kann entspannt sein wie ein Yogi und nervtötend wie eine Mücke.

Sie kann Geräusche machen wie ein Schwein und singen wie ein Wal.

Sie kann Dich anstarren wie eine Hyäne und friedlich sein wie eine Heilige.

Sie kann stolz sein wie ein Pfau und bescheiden wie ein Mönch.

Sie kann faul sein wie eine Eidechse und schnell wie ein Leopard.

Sie kann stur sein wie ein Esel und frech sein wie ein Affe.

Sie kann so zart sein wie ein Reh und so brachial wie ein Elefant.

Sie hat die Zähne eines Hais und die Augen einer Weisen.

Sie kann stinken wie ein Wildschwein und so damenhaft sein wie eine Königin.

Sie kommt aus der Natur und dennoch ist sie gezüchtet vom Menschen.

Sie ist eine wahre Philosophin aber so anhänglich wie ein Baby.

Sie ist so wild wie eine Löwin und doch so friedlich wie ein Buddha.

Sie ist wahre Schönheit und gleichzeitig ein wildes Biest.

Hoomy ist die Schöne und das Biest in völliger Ebenbürtigkeit, Harmonie und Eintracht. Der Zauberhund ist völlige Einheit.

Vor Hoomy, bin ich niemals freiwillig um fünf Uhr rausgegangen. Fünf Uhr morgens? Die Zeit, wenn Deine Decke am weichsten ist und der Schlaf am wertvollsten? Um diese Zeit aufzustehen ist pure Qual.

Doch das hat sich geändert.

Jetzt liebe ich meine frühmorgendlichen Spaziergänge, alleine mit meinem Hund. Der Zauber der uns begleitet …

Am Strand, entlang der Elbe. Manchmal hat die Flut alle anderen Fußabdrücke weggewischt. Der Sand ist dann unberührt. Die Luft ist frisch und klar, so wie sie nur am Morgen ist. Keine Geräusche, nur eine einsame Möwe und der Hafen, der niemals schläft. Manchmal kommt ein Schiff vorbei und Hoomy und ich sind die einzigen die es sehen und begrüßen. Ich mag den Kontrast zwischen der Natur und dem vom Menschen Erschaffenen. Ich sehe so viel Schönheit in beidem.

Kein Morgen ähnelt dem anderen. Licht oder Dunkelheit je nach Jahreszeit. Beides erfüllt mich mit Ehrfurcht. Die Sonne, der Regen, der Mond und die Wolken bringen jeden Morgen, gemeinsam mit dem Fluss, ein neues Schauspiel auf die Bühne …

CMA

Licht oder Dunkelheit
je nach Jahreszeit …

Es fühlt sich dann für mich an, als ob keine andere Seele existieren würde. Der Reichtum gehört mir allein. Alles löst Bewunderung in mir aus. Mein Tag hat noch nicht offiziell begonnen. Mein Verstand mit all seinen Fragen schläft noch. Doch mein wahres Ich könnte wacher nicht sein.

Ich fühle mich ruhig und entspannt.
Ich fühle mich gelassen und erfüllt.
Keine Zerrissenheit mehr.
Kein kosmisches Heimweh.
Keine universelle Sehnsucht.
Mit seltener Einfachheit bin ich frei die Welt zu bestaunen.
Mit seltener Klarheit bin ich frei die Herrlichkeit zu bewundern.
Ich fühle mich gleichzeitig unermesslich klein und unendlich groß.
Alles was ich bin und alles was ich sein kann wird mir vollends bewusst.
Ich werde übermütig während ich begreife, dass mir die ganze Welt gehört.
Ich werde ruhig während ich begreife, dass ich mir selbst gehöre.
Alles ergibt plötzlich Sinn während ich die Wahrheit spüre.

Ich bin eins. Ich bin ganz.

„Ich existiere, wie ich bin, das genügt.

Wenn kein anderer in aller Welt mich gewahrt, so sitz' ich da in Zufriedenheit,

Und wenn jeder und alle mich gewahren, so sitz' ich da in Zufriedenheit.

Eine Welt ist meiner gewahr, und zwar die für mich bei weitem umfangreichste, und die bin ich selbst;

Und ob ich zu den Meinigen hingelange heute, oder in zehntausend oder in zehn Millionen Jahren,

So kann ich es mit Freuden jetzt hinnehmen, und mit gleicher Freude kann ich auch warten."

Walt Whitman, Grashalme

GEHEIMNIS N° 5
GESUNDHEIT

„Es gibt keinen betrüblicheren Anblick als den eines unartigen Kindes“,

begann er,

„besonders wenn es ein kleines Mädchen ist. Weißt du, wo die Bösen nach ihrem Tode hinkommen?““

„Sie kommen in die Hölle“,

lautete meine prompte und korrekte Antwort.

„Und was ist die Hölle? Kannst du mir das sagen?“

„Ein Schlund voll Feuer.“

„Und möchtest du gerne in diesen Schlund stürzen und dort auf immer und ewig brennen?“

„Nein Sir.“

„Was musst du also tun, damit es nicht soweit kommt?“

Ich überlegte einen Augenblick lang …

„Ich muss gesund bleiben und darf nicht sterben.“

Charlotte Brontë, Jane Eyre

„Wenn wir Schöpfer unserer Selbst sind, dann ist es niemals zu spät damit anzufangen die Körper zu kreieren die wir möchten, anstatt diejenigen von denen wir fälschlicherweise denken, dass wir in ihnen stecken."

Deepak Chopra

Niemand von uns weiß, ob wir mehr Leben haben werden als dieses. Doch wir wissen, dass wir in diesem Leben nur den einen Körper haben. Grund genug – sollte man meinen – sich gut um ihn zu kümmern.

Dieser wundervolle Körper …

Der uns Meilen laufen lässt,

der uns auf Bäume klettern lässt,

der uns Berge erklimmen lässt,

der uns durch die Wälder streifen lässt,

der uns Wellen reiten lässt,

der uns durch das Meer schwimmen lässt,

der uns über Hürden springen lässt,

der uns über Steine steigen lässt,

der uns mit Fischen tauchen lässt,

der uns mit unseren Händen bauen lässt,

der uns so viele Tänze tanzen lässt,

der uns gemeinsam spielen lässt,

der uns in der Stille sitzen lässt,

der uns Dinge schmecken lässt,

der uns in die Augen unserer Liebsten blicken lässt,

der uns eine Umarmung spüren lässt,

der Liebe greifbar werden lässt,

der uns Leben säen lässt,

der uns unser Kind stillen lässt,

der uns unsere Schätze mit uns tragen lässt,

der uns tief Luft holen lässt,

der uns Musik lauschen lässt,

der uns laut lachen lässt,

der uns Tränen produzieren lässt,

der uns uns gegenseitig erkennen lässt,

der uns uns selbst sehen lässt – in materialisierter Form.

In diesem Leben, hast Du nur einen Körper.
Er ist ein Geschenk.

*Dieser wundervolle Körper,
der uns unsere Schätze mit uns
tragen lässt …*

Doch für viele, viele Menschen, fühlt sich ihr Körper nicht wie ein Geschenk an. So viele fühlen sich gefangen im eigenen Körper.
Sie fühlen sich unwohl oder krank, haben Schmerzen, leiden, und sind vielleicht täglich auf Medikamente angewiesen.

„Ohne Gesundheit können sich Wissen und Kunst nicht entfalten, vermag Stärke nichts auszurichten, und Reichtum und Intelligenz liegen brach."

Herophilos

Sich mit Gesundheit zu beschäftigen ist eine schwierige Aufgabe geworden. Immer mehr und mehr Leiden scheinen die Menschen zu befallen. Mehr und mehr Medikamente scheinen die Menschen zu betäuben. Mehr und mehr Informationen scheinen die Menschen zu überhäufen. Was noch vor einigen Jahren als ultimativ gesund galt, mag inzwischen als schädlich gelten. Und wovor man jahrelang dringend gewarnt wurde, soll jetzt plötzlich lebensverlängernd wirken. Einen Weg durch den Irrgarten dessen zu finden, was Ärzte, Experten, Ernährungsberater oder Fitness Trainer predigen, ist über die Zeit immer heikler geworden. Den ganzen Tag lang so viel widersprüchlicher Information ausgesetzt zu sein, hat dazu geführt, dass wir unserem gesunden Menschenverstand nicht mehr vertrauen.

Doch wenn wir uns wieder mit der Natur verbinden, auf unsere Körper hören, seine Magie wiederentdecken, ihn mit Ehrfurcht betrachten, seine Sprache respektieren, auf unsere innere Stimme vertrauen, unser Gewahrsein kultivieren – und den Zauberhund beobachten – dann erinnern wir uns an unsere innere Weisheit. Wir brauchen nicht viel um zu gedeihen. Die Natur ist schlicht und simpel. Alles hat seinen Sinn.

Hoomy erfreut sich bester Gesundheit. Sie ist voller Vitalität und Energie. Ihre Geheimnisse sind einfach:

Sie schläft viele Stunden.

Sie trinkt sehr viel Wasser.

Sie isst natürliche Nahrung.

Sie bewegt sich an der frischen Luft.

Jeden Tag.

Ich weiß, dass Du all dies schon mal gehört hast. Aber hast Du es schon umgesetzt?

SCHLAF

Wir könnten uns wahrscheinlich von der Hälfte all unserer Krankheiten befreien, wenn wir genug schlafen würden. Wir könnten uns wahrscheinlich von der Hälfte unserer Nahrungsergänzungsmittel und Anti-Aging-Produkte befreien, wenn wir genug schlafen würden.

„Wenn du an einem Dienstag erwachst, dann geh an einem Dienstag zu Bett. Wenn du an einem Dienstag erwachst, dann geh nicht an einem Mittwoch zu Bett."

Iyanla Vanzant

Hoomy schläft viel. Sie ist sehr diszipliniert darin sich genug auszuruhen! Sie schläft während des Tages, sie schläft während der Nacht.

Doch täusche Dich nicht, sie kann zu Hochleistung auflaufen, wann immer es

nötig ist. In einem Pulsschlag kann sie zu extremer Wachsamkeit, vollkommener Präsenz, starker Entschlossenheit, eifrigem Enthusiasmus und absoluter Konzentration übergehen. Warum? Weil sie gut ausgeruht ist.
Ausreichend zu schlafen und für Entspannung zu sorgen hat die Macht unsere komplette Physiologie zu verwandeln, unser Gehirn anzufeuern, unsere Einstellung zu verändern und uns zu ermöglichen bessere Entscheidungen für uns und unsere Gesundheit zu treffen.

Ausreichend Schlaf ist von enormer Bedeutung!

WASSER

Wir könnten uns wahrscheinlich von der anderen Hälfte all unserer Krankheiten befreien, wenn wir genug Wasser trinken würden. Wir könnten uns wahrscheinlich von der anderen Hälfte unserer Nahrungsergänzungsmittel und Anti-Aging-Produkte befreien, wenn wir genug Wasser trinken würden. Wasser ist die beste Medizin und das beste Schönheitselixir. Wir brauchen viel, viel stilles Wasser für unsere Gesundheit. Wir brauchen viel, viel stilles Wasser für unsere Vitalität und Energie. Es gibt einen Spruch, dass Vorbeugung die beste Medizin ist. Ausreichend Wasser zu trinken, ist die beste Vorbeugung gegen eine ganze Reihe von Leiden. Ausreichend Wasser zu trinken ist so einfach - und doch wird es viel zu wenig gemacht.

Hoomy trinkt viel Wasser zuhause, doch sie trinkt auch unterwegs bei jeder Gelegenheit: im Fluss, im See, in der Pfütze, in einem Napf im Restaurant.

„Das Wasser fließt nicht, wenn das Ventil nicht aufgedreht ist."

Louis L'Amour

Trink mehr Wasser!

NATÜRLICHE NAHRUNG

Wenn ich unseren Hund füttere, dann möchte ich, dass es ihr gut geht mit dem was ich ihr gebe. Ich möchte, dass sie gesund ist und bleibt – das möchte ich für sie, aber auch für mich. Also gebe ich ihr statt Fertigfutter immer frisches Fleisch, frischen Fisch, Gemüse, Obst, Kräuter, Eier und Oliven- oder Kokosöl. Wenn ich diese Produkte kaufe, achte ich darauf, dass es nicht die billigsten sind, voll mit Giftstoffen und Antibiotika.

„Das mächtigste Werkzeug um Deine Gesundheit zu verbessern, um Deine Umwelt zu schützen, um die Wirtschaft zu verändern, um wortwörtlich die gesamte Welt zu verändern, ist Deine Gabel. Was Du jeden Tag auf Deine Gabel tust, 3 Mal am Tag, ist die wichtigste Ent-

scheidung die Du zu treffen hast. Du gehst mit Deiner Gabel wählen, jeden Tag, 3 Mal am Tag. Also wähle so, dass es Sinn macht – für Dich, für Deine Familie, für Deine Kinder, für unseren Planeten.“

Dr. Mark Hyman, in dem Film ‚Origins'

Wenn ich Lebensmittel kaufe, egal ob für meine Kinder und mich oder für unseren Hund, dann ist es wichtig für mich dabei auch an die Menschen zu denken, die das Obst- und Gemüse anbauen, an die Tiere die ihr Leben für uns gegeben haben und an die Erde, die reich, gesund und fruchtbar bleiben muss - noch für viele Generationen.

Geld bei der Wahl unserer Nahrungsmittel zu sparen, lässt unsere Gesundheit und unseren Planeten einen fürchterlich hohen Preis zahlen!

BEWEGUNG AN DER FRISCHEN LUFT

Die Menschheit sucht schon lange nach einem Wundermittel, um das Leben zu verlängern. Doch wir sollten aufhören danach zu suchen und uns lieber mehr bewegen! Sich an der frischen Luft zu bewegen, in der Natur, ist ein geheimes Wundermittel, welches auf vielen Ebenen wirkt. Es ist ein Heilmittel gegen unglaublich viele Leiden.

Täglich für eine Stunde in der Natur zu spazieren, egal bei welchem Wetter, wird Dir wieder Zugang zu Dir selbst geben, inneren Frieden schenken, Deinen Blickwinkel erweitern, Deine Intelligenz erhöhen, Deinen Kreislauf stärken, Deine Zellen reparieren.

„Ein Spaziergang am Morgen ist ein Segen für den ganzen Tag.“

Henry David Thoreau

Wir brauchen Bewegung und wir brauchen natürliches Licht und wir brauchen frische Luft. Jeden Tag!

Pass gut auf diesen Schatz auf, der Dir geschenkt wurde.
Pass gut auf Deinen Körper auf.
Diese 4 einfachen Maßnahmen werden Dir auf vielen Ebenen mehr bringen – und Deine Gesundheit stärken.
Gute Gesundheit bewahrt Dich vor Schmerzen – und bewahrt Dich noch eine kleine Weile länger vor dem Tod.

„Tous les jours à tous points de vue je vais de mieux en mieux!“

„Es geht mir von Tag zu Tag und in jeder Hinsicht immer besser und besser!“

Emile Coué

GEHEIMNIS N° 6
SCHÖNHEIT

**„Geh nicht in den Blumengarten,
oh mein Freund, gehe nicht dorthin.
In deinem Körper ist der Blumengarten.
Eine Blume hat tausend Blütenblätter
Dies ist ein guter Ort zum Verweilen.
Dort sitzend wirst Du die Schönheit
erblicken
Im Körper und außerhalb
Vor dem Paradies und danach.“**

Kabir

„Wer in schönen Dingen einen hässlichen Sinn entdeckt, ist verderbt, ohne liebenswürdig zu sein. Das ist ein Fehler. Wer in schönen Dingen einen schönen Sinn entdeckt, hat Kultur. Für solche besteht noch Hoffnung. Das sind die Auserwählten, denen schöne Dinge einzig Schönheit bedeuten."

Oscar Wilde

Schönheit wurde so oft verdammt. Sie wurde verurteilt, unterschätzt, abgewiesen, belächelt, schlecht gemacht und verleumdet. Schönheit wurde als überflüssig, oberflächlich, trivial, seicht, geistlos, sinnentleert und nutzlos beschimpft. Menschen entscheiden sich so oft für das Nützliche statt für das Schöne, drehen der Schönheit den Rücken zu, weisen sie ab, streichen die Schönheit aus ihrem Leben oder untergraben sie. Zu viele Menschen haben entweder Angst vor Schönheit oder empfinden in ihrem Angesicht Neid. Doch wir können ohne Schönheit nicht leben. Ich weiß, dass ich nicht ohne Schönheit leben möchte. Wir brauchen Schönheit um gedeihen zu können.

Schönheit weckt uns auf.

Schönheit lässt unseren Atem stocken.

Schönheit versetzt uns in Staunen.

Schönheit öffnet unsere Herzen.

Schönheit lässt uns erblühen.

Schönheit lässt uns nach den Sternen greifen.

Schönheit erfüllt uns mit Dankbarkeit.

Schönheit bewahrt unseren Glauben an Wunder.

Schönheit ist unvergänglich.

Schönheit beantwortet all unsere Fragen.

Schönheit übertrifft all unsere Worte.

Schönheit überwindet alle Grenzen.

Schönheit berührt uns manchmal so tief, dass es schmerzt.

Schönheit spricht direkt zu unserer Seele.

Schönheit verbindet uns mit dem Universum.

Schönheit verbindet uns mit unserem Ursprung.

Insgeheim sind wir alle verliebt in reine und wahre Schönheit. Und wir reagieren alle instinktiv auf sie. Schönheit im Innen wie im Außen. Schönheit in all ihren unterschiedlichen Formen.

Die Schönheit einer wahrhaftig schönen Seele.
Die Schönheit einer wahrhaftig schönen Frau.
Die Schönheit einer prächtigen Robe.
Die Schönheit einer genialen Antwort.
Die Schönheit eines blühenden Baumes.
Die Schönheit gelungener Architektur.
Die Schönheit wunderschöner Haare.
Die Schönheit der Sonne die durch den Nebel strahlt.
Die Schönheit eines überstandenen Abenteuers.
Die Schönheit eines symbiotischen Tanzes.
Die Schönheit des Vogelgesangs im Frühling.
Die Schönheit eines lächelnden Babys.
Die Schönheit einer exotischen Blume.
Die Schönheit kühner Träume.
Die Schönheit eines majestätischen Berges.
Die Schönheit eines sinnlichen Körpers.
Die Schönheit eines leuchtenden Sonnenuntergangs.
Die Schönheit eines seltenen Saphirs.
Die Schönheit wohl gepflegter Füße.
Die Schönheit bedingungsloser Liebe.
Die Schönheit weiser Augen.
Die Schönheit himmlischer Musik.

Die Schönheit in zartem Mitgefühl.
Die Schönheit lang ersehnter Stille.
Die Schönheit purer Freude.
Die Schönheit eines innigen Kusses.
Die Schönheit in der Fülle der Natur.
Die Schönheit sanfter Klarheit.
Die Schönheit echter Vergebung.
Die Schönheit eines grazilen Tieres.
Die Schönheit poetischer Worte.

Die Schönheit die uns „Oh, mein Gott!" flüstern lässt …

„Wenn Menschen meine Bilder sehen, sagen sie oft: Oh, mein Gott! Haben Sie über die Bedeutung dieses Ausdruckes schon einmal nachgedacht? Das „Oh" bedeutet, dass ihre Aufmerksamkeit geweckt ist, es verankert Sie im Augenblick und macht Sie achtsam. Das „mein" bedeutet, dass es eine Bindung zu etwas Tiefem in Ihrer Seele gibt. Es schafft einen Weg für Ihre innere Stimme sich zu erheben und gehört zu werden. Und „Gott"? „Gott" ist die Reise, auf der wir alle sein wollen, um inspiriert zu werden und um uns verbunden zu fühlen mit dem Universum welches das Leben zelebriert."

Louie Schwartzberg, in seinem TED-Talk ‚Nature. Beauty. Gratitude.'

Als wir zum ersten Mal unseren Zauberhund mit in den Urlaub nach Spanien nahmen, waren wir uns nicht sicher, wie die Menschen vor Ort reagieren würden. Hunde haben dort auf dem Land eine klar

*Die Schönheit der Sonne,
die durch den Nebel strahlt …*

zugeordnete Rolle als Nutztiere und sind keine Familienmitglieder, ganz anders als es bei Hoomy der Fall ist. Zuhause sind wir es gewohnt Hoomy überall mitzunehmen. Und wir erhalten immer viele Komplimente. Doch wie würden die Menschen in Spanien reagieren?

Starke Reaktionen? Ja.
Doch es gibt nur einen Ausruf, den wir immer und immer wieder hören, egal wo wir mit ihr sind:
„Ma que guapa!"
„Oh wie schön!"
Jung und Alt, alle kommen sie um den Zauberhund zu bewundern. Sie stehen mit staunenden Blicken vor einem Hund, der so groß ist, so gesund, so wunderschön. Sie alle bewundern ihre liebevollen Augen, ihre langen Beine, ihr glänzendes Fell, ihren zielstrebigen Gang, ihre kontrollierte Kraft, ihr wunderschönes Wesen.
Jung und Alt, alle verlieben sich sofort in sie. Sie kennen sie nicht. Sie wissen nichts über die innere Schönheit des Zauberhundes. Aber sie spüren sie ganz offenbar.

Die Menschen erkennen instinktiv wahre und authentische Schönheit.
Die Menschen fühlen sich instinktiv von wahrer und authentischer Schönheit angezogen.

Schönheit liegt nicht im Auge des Betrachters!

Es gibt wahre und authentische Schönheit, die wir alle erkennen, die uns alle verbindet wenn sie uns begegnet, die unsere Seelen gleich schwingen lässt. Schönheit legt uns die Welt zu Füßen. Ihre Gegenwart verbindet uns mit unserem Ursprung.

„Denke an all die Schönheit, in Dir selbst und um Dich herum – und sei glücklich!“

Anne Frank

GEHEIMNIS N° 7
DER SINN DES LEBENS IST ZU LEBEN

„… Intensiv leben wollte ich. Das Mark des Lebens in mich aufsaugen … Damit ich nicht in der Todesstunde innewürde, dass ich gar nicht gelebt hatte.“

Henry David Thoreau

„Leben – es gibt nichts Selteneres auf der Welt. Die meisten Menschen existieren, weiter nichts.“

Oscar Wilde

Ich bin überzeugt, dass wir alle dieselbe Sehnsucht haben. Manchmal ist sie stärker und kann deutlich wahrgenommen werden, manchmal ist sie tief verborgen und wird kaum noch gespürt. Doch diese Sehnsucht haben wir alle. Immer. So lange wir auf Erden sind.

Wir alle sehnen uns danach an Wunder zu glauben.

Wir alle sehnen uns danach unsere Träume zu verwirklichen.

Wir alle sehnen uns danach unsere Potenziale auszuschöpfen.

Wir alle sehnen uns danach stolz auf uns selbst zu sein.

Wir alle sehnen uns nach zumindest einem wahren Freund.

Wir alle sehnen uns danach laut zu lachen.

Wir alle sehnen uns danach Freudentränen zu vergießen.

Wir alle sehnen uns danach wertvoll zu sein.

Wir alle sehnen uns danach glücklich zu sein.

Wir alle sehnen uns danach geliebt zu werden.

Wir alle sehnen uns danach gesehen zu werden.

Wir alle sehnen uns danach uns selbst treu zu sein.

Wir alle sehnen uns danach einen Sinn zu finden.

Wir alle sehnen uns danach in Harmonie zu leben.

Wir alle sehnen uns danach nachts friedlich zu schlafen.

Wir alle sehnen uns danach Glück zu empfinden.

Wir alle sehnen uns danach an die Unendlichkeit zu glauben.

Wir alle sehnen uns danach über die Fülle zu jauchzen.

Wir alle sehnen uns danach unsere Seelen singen und unsere Herzen tanzen zu lassen …

Keiner von uns will einfach nur existieren. Wir alle sehnen uns danach zu leben.

Wahrhaftig zu leben! Nicht nur ein bisschen. Nicht nur zur Hälfte. Nicht fast. Nein, wir wollen alle ein WAHRHAFTIG gutes Leben.

Ein wahrhaftig gutes Leben.
Warum ist dies so oft so schwierig?
Warum sind so wenige Menschen wirklich glücklich oder zufrieden – und warum fühlen sich so wenige erfolgreich oder geliebt? Warum wissen so wenige Menschen um ihren eigenen Wert – und warum erfüllen sich so wenige täglich ihren Traum? Warum nehmen so viele Menschen Drogen auf ihrer Suche nach Nirwana – und warum haben so viele einfach aufgegeben ihren Alltag als Glück zu empfinden?

„Ich hielt inne und schaute weg, um nicht antworten zu müssen …"
„Mein Sohn?" fragte sie.
Ich schaute sie wieder an und ihre gütigen Augen holten die Antwort tief aus mir hervor.
„Nein, Mutter, es ist nicht das wovon ich immer geträumt habe… Das Leben hat ein paar unerwartete Wendungen genommen …"

Brendon Burchard, Life's Golden Ticket

Unerwartete Wendungen? Ist es das was geschieht? Und wo sind wir, während das Leben diese Wendungen nimmt? Haben wir das Ruder abgegeben?

Ich bin mir sicher, dass ein unerfülltes Leben nicht einfach geschieht. Und auch ein wahrhaftig gutes Leben geschieht nicht einfach so.

Das Leben wird uns geschenkt. Und dann ist es unsere ENTSCHEIDUNG was wir daraus machen!

„Es sind nicht unsere Fähigkeiten, Harry, die zeigen wer wir wirklich sind. Es sind unsere Entscheidungen."

J.K. Rowling, Harry Potter und die Kammer des Schreckens

Ein wahrhaftig gutes Leben will gestaltet, gehegt und gepflegt werden. Immer wieder, an jedem einzelnen Tag.

Lass mich Dich daran erinnern wie Hoomy mir geholfen hat mein wahrhaftig gutes Leben bewusst zu gestalten, durchgehend zu hegen und wachsam zu pflegen.

Als erstes lehrte sie mich meinen Mut zu finden. Den Mut um zu begreifen, dass JETZT der richtige Moment ist. Den Mut ehrlich zu mir selbst zu sein. Zu jeder Zeit. Den Mut nie aufzugeben. Niemals.

Als zweites entdeckte ich durch sie den Anfängergeist. Der Anfängergeist ermöglichte es mir Fülle zu sehen, wo ich vorher Mangel empfand. Der Anfängergeist ermöglichte es mir offener und freudvoller meiner Zukunft gegenüber zu sein. Der Anfängergeist brachte mir das Geschenk der Dankbarkeit.

Als drittes erfuhr ich durch Hoomy was echte Verbindung ist. Nichts hat mich mehr gelähmt als die Sehnsucht nach Verbindung, gepaart mit der Angst vor Zurückweisung. Wir brauchen wertvolle Beziehungen – das Leben sollte nicht allein genossen werden.

Als viertes musste ich mich mit der Einheit auseinandersetzen. Das Verständnis von Einheit nahm mir meine Angst und ermöglichte es mir mich dem Vertrauen zu öffnen. Das Verständnis von Einheit erlaubt es mir in jedem Augenblick zu lernen und zu wachsen. Das Verständnis von Einheit lässt mich meine Ganzheit spüren.

Als fünftes ist mir bewusst geworden wie wichtig Gesundheit ist. Gute Gesundheit ist essenziell. Es ermöglicht mir mein Leben ohne Schmerzen und Erschöpfung zu genießen. Gute Gesundheit ermächtigt mich auf vielen Ebenen. Gute Gesundheit stellt sicher, dass ich den ganzen Weg bestreiten kann.

Als sechstes lernte ich den Zauber von Schönheit wiederzuentdecken. Schönheit in uns und um uns herum. Innere Schönheit führt zu äußerer Schönheit. Innere Schönheit öffnet Herzen, äußere Schönheit öffnet Türen. Beides ist wichtig. Wahre Schönheit lässt uns an Wunder und das Übersinnliche glauben.

Siebtens … Das siebte Geheimnis?

Besorg Dir einen Hund!

Kleiner Scherz …

Das siebte Geheimnis:
Lebe Dein Leben!
Mach es zum Himmel auf Erden!

Wayne Dyer sagt,

„Der Himmel auf Erden ist eine Entscheidung die Du triffst, nicht ein Ort den wir finden müssen."

Also triff Deine Entscheidung. Nutze die Geheimnisse.

Stelle sicher, dass Du Deinem Herzen folgst. Stelle sicher, dass Du Dich nicht mit weniger als Deinen kühnsten Träumen zufrieden gibst.
Triff Deine Entscheidung!

Ich traf für mich die Entscheidung
meine unbewussten Entscheidungen zu verändern,

meine Gewohnheiten zu verändern,

meine Sichtweisen zu verändern,

meine Glaubenssätze zu verändern,

meine Ideale zu verändern,

meine Wahrnehmung zu verändern,

meine Gefühle zu verändern,

meine Meinung zu verändern,

meine Schlussfolgerungen zu verändern,

meine Realität zu verändern

die Art zu verändern wie ich mein Leben lebte.

„Gestern war ich klug und wollte die Welt verändern. Heute bin ich weise und verändere mich selbst.“

Rumi

Triff Deine Entscheidung …

Zurück zum Winter 2012.

Ich bin auf einem frühmorgendlichen Spaziergang mit Hoomy.
Kein Zauber in Sicht.
Die Geheimnisse, die mir mein Leben lang bekannt waren, schlummern tief.

Ich bin alleine.
Niemand ist unterwegs bei diesem Wetter und um diese Uhrzeit.
Eiseskälte in den Knochen und in meinem Herzen.
Dunkelheit umhüllt mich und meine Seele.

Ich gehe langsam.
Ich brauche Willenskraft für jeden einzelnen Schritt.
Ich bin verzweifelt und so erschöpft.

„Was genau ist der Sinn des Lebens?“,
ist eine Frage die wiederkehrend in meinem Kopf kreist.

Was genau ist der Sinn des Lebens?

„Warum wir?“ ist die andere.

Warum wir?

Schließlich unterbreche ich meinen Gedankengang um zu sehen wo Hoomy bleibt.
Ich blicke mich um, doch sie ist nirgendwo zu sehen.
Langsam steigt Panik in mir hoch.
Ich bin völlig alleine in der Dunkelheit.
Meine Brust zieht sich zusammen und mein Herz schlägt schneller.

Hat sie sich verlaufen?
Hat sie mich verlassen?
Hoomy …

Aus den Augenwinkeln sehe ich eine Bewegung in einem riesigen Schneefeld.
Da ist sie!
Der schwarze Hund, komplett versunken im weißen Pulver.

Hoomy hüpft durch den Schnee.
Übermütig, ausgelassen – ja, fast jauchzend.
Nach oben springend, nach unten fallend, im Kreise drehend.
Völlig versunken - nicht zweifelnd, nicht grübelnd.
Nur den Flocken nachjagend, sie regelrecht herausfordernd.
Und ihr unbändiges Spiel mit der Natur aus vollem Herzen genießend.

Sie sieht so wild aus.
Sie sieht so glücklich aus

Ich verliere jedes Zeitgefühl.
Während ich dort stehe und Hoomy beim Spielen beobachte geht die Sonne langsam auf.
Der Schnee um uns herum fängt an wie ein Meer von Diamanten zu glitzern.

Plötzlich fühle ich mich irgendwie gesegnet.
Mir wird bewusst, dass dieser Augenblick ein Geschenk ist.
Mir wird bewusst, dass ich etwas beobachte, was weit größer ist als ich selbst.
Es ist das Ungestüme inmitten all dieser Schönheit.
Es ist die herzzerreißende Freude und das tiefe Vertrauen in das Leben dessen ich hier Zeuge werde.
Als mir die Erkenntnis langsam kommt, empfinde ich Demut:

Das Leben ruft mich.

Das Leben ruft mich.

„Mir wurde das Wunder zuteil, an diesem Tag nicht zu sterben. Mir wurde ein weiteres Wunder zuteil, nämlich in die Zukunft zu sehen, und zurückzukommen und anders zu leben.“

Ric Elias in seinem TED-Talk.

Ich hoffe, dass die sieben Geheimnisse meines Zauberhundes Dich an all das erinnern, was Du bereits weißt:

Die Geheimnisse um anders zu leben, liegen in Dir.
Mögest Du sie wiederentdecken und ein wahrhaftig gutes Leben leben!

„Ich bin ein Teil von allem was ich gele-sen habe."

Theodore Roosevelt

Ich habe Bücher schon immer geliebt. Seit ich lesen konnte, war mein schönster Tag des Jahres immer der erste Weihnachtsmorgen, wenn ich frühmorgens leise nach unten schlich während alle anderen noch schliefen. Ich nahm die Bücher in die Hand die ich am Abend vorher geschenkt bekommen hatte, legte mich unter den Weihnachtsbaum und fing an zu lesen. Und ich las und las und las, fast die gesamte Ferienzeit hindurch.
Ich habe so viel gelernt durch diese Bücher. Nicht nur akademisches Wissen, sondern vor allem Empathiefähigkeit. Ich habe viele Emotionen durchlebt, vieles verstanden, sei es durch Romane und der Identifizierung mit den Charakteren oder durch Biografien und das Verständnis von Geschichte, oder durch Sachbücher und die damit einhergehende Auseinandersetzung mit unzähligen Themen.
Ich danke den vielen Autoren und Schriftstellern von ganzem Herzen, dass sie die Welt mit ihren Büchern so bereichert haben.

Ich danke den Menschen durch die ich lernen durfte. Ich fand diese in meiner Familie, in Freunden, in Fremden, in verschiedensten Experten, doch so manches Mal auch schmerzlich, in Menschen die Andere und mich verletzt haben. Viel lerne ich auch durch meinen Respekt und meine Faszination für Tierwelt, Pflanzenwelt und Umwelt. Die Fähigkeit mein Leben intensiv zu leben und täglich neues zu lernen ist eines der größten Geschenke, die ich erhalten habe.

Ich danke den Menschen in meinem Leben, die mir mit soviel Liebe und Freundschaft zur Seite stehen. Mein Leben ist reicher durch Euch.

Ich danke meinen Eltern, dass ich mit Tieren aufwachsen konnte. Ich erinnere mich an Zeiten, wenn ich mich als Kind einsam oder traurig gefühlt habe. Ich legte mich dann neben meinen Hund auf den Teppich und flüsterte in ihr Ohr. Leise verstand sie mich und ließ Einsamkeit und Traurigkeit schwinden.
Und ich erinnere mich an die Momente, wenn wir als Familie laut lachend fast vom Stuhl fielen, als unsere Hunde oder unsere Katzen etwas ausgeheckt hatten.
Ich liebe diese Erinnerungen; sie bringen mich zum Lächeln und öffnen mein Herz.
Ich danke meinen Eltern und meinem Bruder, dass wir noch so viel mehr schöne Erinnerungen teilen.

Ich danke meinen Kindern, dass sie mich als ihre Mutter gewählt haben. Keine Ehre könnte größer sein. Keine Mission könnte inspirierender sein.
Liebste Renée, liebste Miuccia, ihr seid die Liebe meines Lebens.

Liebste Hoomy, ich danke Dir. Du weißt wofür. Es bedarf keiner Worte zwischen uns.

Ich danke meiner Mutter, Julia Kalmund, und unseren Mitarbeiterinnen und Partnern, allen voran Niels Buschke, für die für mich so wertvolle, inspirierende und geschätzte Zusammenarbeit an unseren Firmen und Projekten. Möge die Welt durch sie reicher werden!

Und, nicht zuletzt, danke ich dem LEBEN.

Liebes Leben, ich hätte Dich nicht missen wollen.
Du bist wundervoll!

Bitte bleib noch ein bisschen länger bei mir …

Nina Schmid
Hamburg, 2017

Die Fotos sind allesamt Schnappschüsse aus meinem Alltag.